`Read for a
Better World™
Ojibwemowin

Awakaani-mashkikiiwininiwag miinawaa Awakaani-mashkikiiwikweg

Percy Leed

**Gaa-anishinaabewisidood
Chato Ombishkebines Gonzalez**

Lerner Publications ◆ Gakaabikaang

Ininiwag miinawaa Ikwewag

Gaawiin izhisijigaadesinoon ojibwemowin ezhisijigaadeg zhaaganaashiimowin. Mii iko aabajichigaadeg inini eshkwesing da-dazhinjigaazod a'aw dinowa enanokiid, aanawi go inini gemaa gaye ikwe aawi. Gaawiin nawaj apiitendaagozisiin a'aw inini apiish a'aw ikwe anishinaabewiyang.

Ezhisijigaadeg yo'ow Mazina'igan

Awakaani-mashkikiiwininiwag. . . 4

Awakaani-mashkikiiwininiwag

Oganawenimaawaan iniw awakaanan. Mii iw wenji-izhi-wiinindwaa awakaani-mashkikiiwininiwag.

nandotamochigan

Ogikenimaawaan iniw awakaanan ezhi-ayaanid.

6

Anooj aabajichiganan odaabajitoonaawaan ingiw awakaani-mashkikiiwininiwag dazhiikawaawaad iniw awakaanan.

Aaniish wenji-biinjitawagaabamaawaad iniw awakaanan?

biinjitawagaabanjigan

Gaawiin gaagiigidosiiwag ingiw awakaanag. Odibaabandaanaawaa wenji-maazhi-ayaanid iniw awakaanan biinjina.

Aanind oganawenimaawaan iniw awakaanan mendidonijin.

Aaningodinong onaanaazikawaawaan iniw awakaanan iwidi bibizhaagiinid.

Aanind oganawenimaawaan
iniw awakaanan egaashiinyinijin.

Ganawendamaagewag iniw awakaanan. Odaa-bajiishka'waawaan iniw awakaanan.

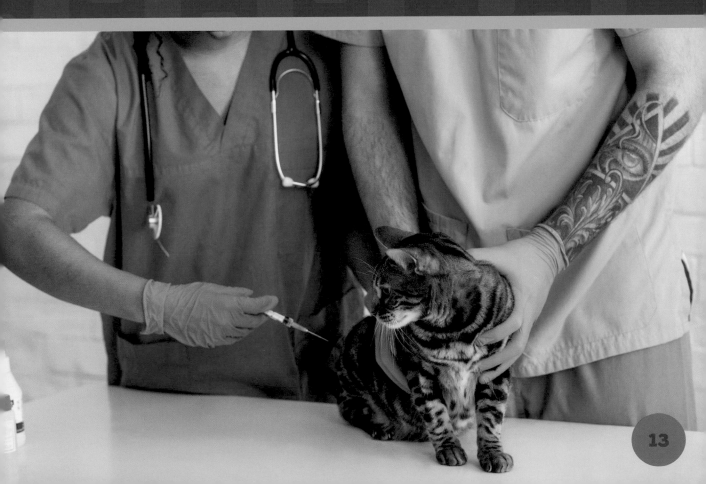

13

Aanind oganawenimaawaan
iniw awesiinyan.

Awenen dash giin ge-ganawenimadiban?

Aaniish wenji-zegiziwaad ingiw awakaanag waabamaawaad iniw awakaani-mashkikiiwininiwan?

Aaningodinong daa-zegendamoog ingiw awakaanag. Onaadamawaawaan da-zegizisinig ingiw awakaani-mashkikiiwininiwag.

Ginwenzh gikinoo'amaagoziwag ingiw mashkikiiwininiwag.

Aanoodiziwag ingiw awakaani-mashkikiiwininiwag da-naadamawaawaad iniw awakaanan.

Gikendaasowinan!

Aaniish wenji-minwenimadwaa ingiw awakaani-mashkikiiwininiwag?

Aaniin akeyaa ge-izhi-naadamawaad iniw gidayan a'aw awakaani-mashkikiiwinini?

Giwii-awakaani-mashkikiiwininiiw ina gichi-aya'aawiyan?

Ezhi-wiiji'iweyang miinawaa Enamanji'oyang

Apiitendaagwadini awiya i'iw akeyaa ezhi-gikinoo'amaagozid da-apiitenindizod maadagindaasod. Gagwejim egindaasod enendang:

Awegonen gaa-maamawi-minwendaman gii-agindaman yo'ow mazina'igan?

Awegonesh gekendaman azhigwa gaa-agindaman yo'ow mazina'igan?

Gimikwenimaa ina awiya nayaadamaaged megwaa agindaman yo'ow mazina'igan?

Mazinaakizonan

aabajichigan

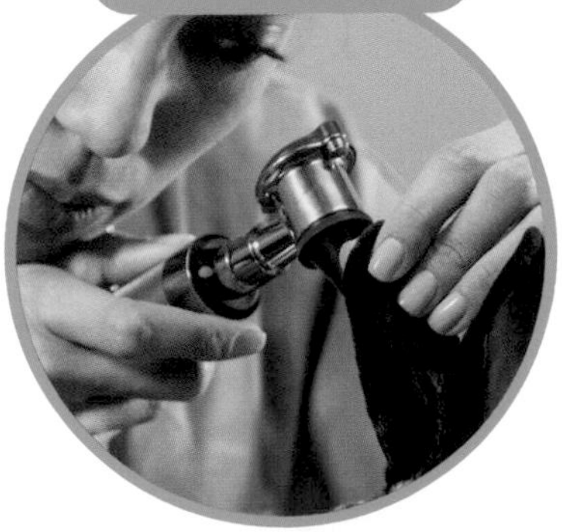

awakaan

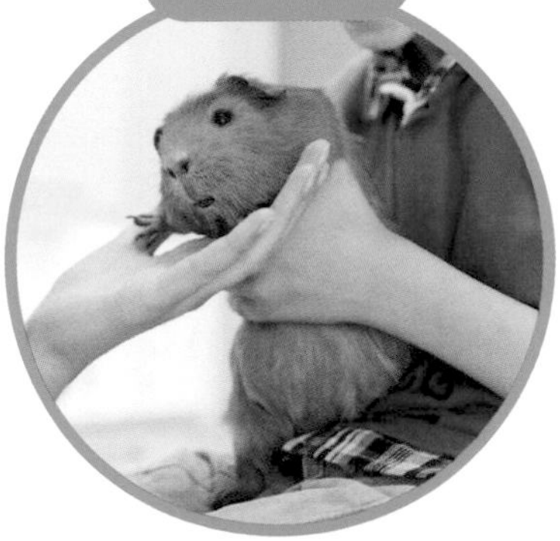

awesiinh

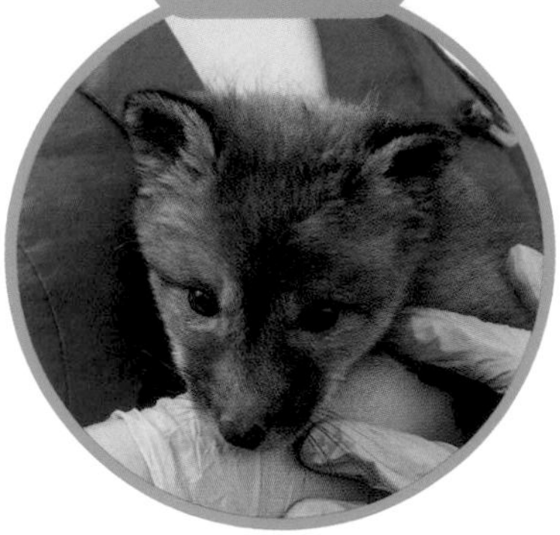

bajiishka'waa

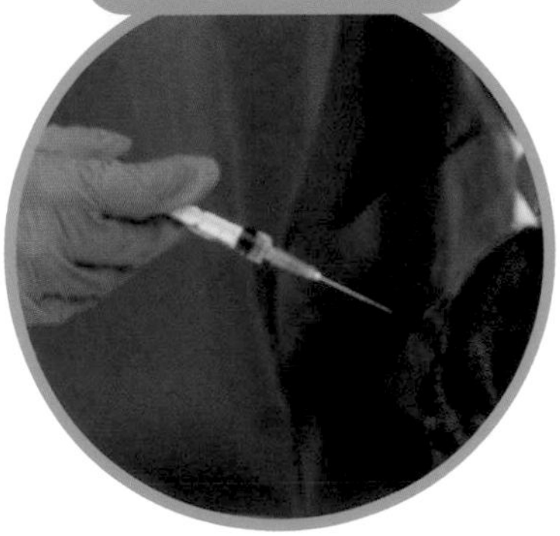

Agindan onow

Katz, Susan B. *All about Veterinarians*. Minneapolis: Lerner Publications, 2023.

Romero, Libby. *Animal Doctors*. Washington, DC: National Geographic Kids, 2023.

Sterling, Charlie W. *A Day with a Veterinarian*. Minneapolis: Jump!, 2022.

Ikidowinan

Mazinaakizonan Gaa-ondinigaadeg

Nimbagidinigonaanig da-aabajitooyaang onow mazinaakizonan omaa mazina'iganing ingiw: © Robert Daly/iStockphoto, pp. 4–5, 23 (top left); © CAP53/iStockphoto, p. 6; © kali9/iStockphoto, pp. 7, 23 (bottom left); © SeventyFour/iStockphoto, pp. 8–9; © PeopleImages/iStockphoto, pp. 10–11; © AnnaStills/iStockphoto, p. 12; © Prostock-Studio/iStockphoto, pp. 13, 23 (top right); © danilobiancalana/Shutterstock Images, pp. 14–15; © ALIAKSANDR PALCHEUSKI/Shutterstock Images, pp. 14, 23 (bottom right); © shironosov/iStockphoto, pp. 16–17; © Igor Alecsander/iStockphoto, pp. 18–19; © Prostock-studio/Shutterstock Images, p. 20. Cover Photograph: © kali9/iStockphoto. Design Elements: © Mighty Media, Inc.

Odibendaan Lerner Publications, Lerner Publishing Group, Inc.
241 First Avenue North
Gakaabikaang 55401 USA

Nanda-mikan nawaj mazina'iganan imaa www.lernerbooks.com.

Mikado a Medium izhinikaade yo'ow dinowa ezhibii'igaadeg.
Hannes von Doehren ogii-michi-giizhitoon yo'ow dinowa ezhibii'igaadeg.

ISBN 979-8-7656-4956-5 (PB)

Library of Congress Cataloging-in-Publication Data

The Cataloging-in-Publication Data for the English version of *Veterinarians: A First Look* is on file at the Library of Congress

ISBN 979-8-7656-2647-4 (lib. bdg.)
ISBN 979-8-7656-3704-3 (epub)

Nanda-mikan yo'ow mazina'igan imaa https://lccn.loc.gov/2023035579
Nanda-mikan yo'ow waasamoo-mazina'igan imaa https://lccn.loc.gov/2023035580

Gii-ozhichigaade Gichi-mookomaan-akiing
1-1010590-53597-4/2/2024